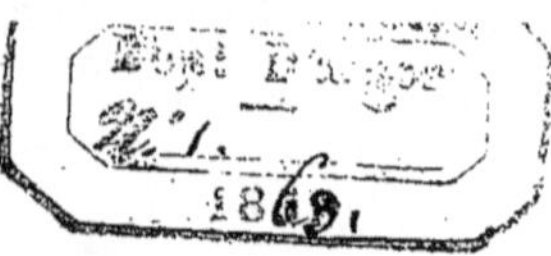

LES VÉRITABLES

ANERIES SUR L'ALGÉRIE

Réponse à M. Jules DUVAL,

Rédacteur en chef de l'ÉCONOMISTE FRANÇAIS,

PAR

LE DOCTEUR A. MAURIN,

Ancien maître de conférences de physique, géologie, météorologie,

à l'Institut agronomique de Versailles.

ALGER

IMPRIMERIE ET PAPETERIE DE BOUYER.

1862.

LES VÉRITABLES

ANERIES SUR L'ALGÉRIE

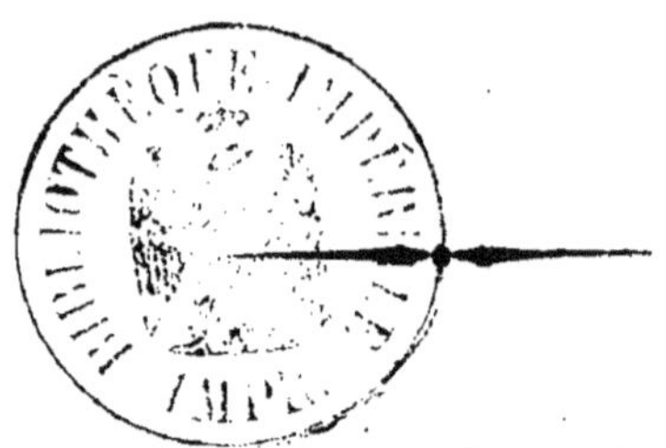

Pourquoi voyez-vous une paille dans
l'œil de votre frère et n'aperce-
vez-vous pas une poutre qui est
dans votre œil?

— CHRIST. —

Tel est le titre, Monsieur, que je donne aux explica-
tions que je dois au public. — Notez qu'avant de répondre
au paragraphe emprunté par l'*Akhbar* à l'*Economiste*, j'ai
cru devoir adresser à ce journal une lettre qui sauvegarde
la dignité de l'homme en face d'une attaque semblable à
celle dont j'ai été l'objet.

Les sentiments exprimés dans cette première lettre
restent et resteront entiers (1).

---

(1) L'*Akhbar*, qui reçoit *officiellement la charité*, se croit le
droit de découper aux ciseaux les invectives que l'*Économiste
français* adresse au *Moniteur de l'Algérie*. Il n'a pas inséré ma
lettre datée du 27 novembre. Ce procédé, que je signale à l'atten-
tion des écrivains de la Colonie, constitue à l'*Akhbar* la spécia-
lité odieuse d'injurier sans péril. Voici la lettre dont il s'agit :

A Monsieur le Rédacteur en chef de l'AKHBAR.

Mascara, 27 novembre 1862.

Monsieur,

Vous avez, dans le numéro du 20 novembre, et dans un
article signé Behaguel, reproduit un paragraphe (sans signature)
de l'*Economiste français*, dans lequel mon nom est prononcé
avec peu de faveur et mes travaux sur l'Algérie appréciés dans

Je n'ai connu le nom de l'auteur ou du gérant responsable de ce paragraphe, que par la défense de la rédaction du *Moniteur de l'Algérie*, défense spontanée, dévouée, mais nécessairement incomplète, parce que le secret de la comédie était seulement dans mes mains, et un peu aussi dans votre esprit....... Le public a cru que l'auteur des *Lettres sur l'Algérie* avait commis deux grosses erreurs... C'est M. Jules Duval qui l'a dit, et qui l'a dit avec cette grosse voix que le monde colonial est habitué à entendre toutes les fois qu'il est question de l'Algérie !

Je reproduis le texte de ce paragraphe précieux :

« Le *Moniteur de l'Algérie* publie des lettres D'UN
« M. Maurin qui fait la leçon à tout le monde et qui place
« le barrage de Saint-Denis du Sig sur la rivière de l'Ha-
« bra ! Dans le même numéro (4 novembre), M. le docteur
« Maurin prétend que la France consomme, pour sa part
« seulement, 7 à 8,000 balles de coton, ce qui fait que la
« province d'Oran peut lui en fournir près du quart. Est-
« ce qu'il est permis à un journal officiel comme le *Moni-*
« *teur de l'Algérie* d'imprimer des ANERIES pareilles,
« qui trahissent la plus complète ignorance du sujet dont
« on *parle en maître?* La consommation du coton a été
« en 1861 de plus de 60,000 balles. »

---

des termes qui dépassent toutes les bornes d'une honnête et loyale discussion.

« Je n'ai point la prétention de parler en *maître* de l'Algérie; j'en parle en homme convaincu et dévoué à son avenir. Lorsque, dans une publication qui en est à son vingtième article, on n'a qu'une erreur de chiffres à relever, on devrait le faire avec tous les égards que les écrivains se doivent. Encore inconnu dans la colonie, j'aurais peut-être droit à ces égards; mais je prie le ciel de n'obtenir jamais l'approbation de la *Pythonisse trop connue* qui lance ses oracles dans l'*Economiste français*.

Je ne fais point la leçon à tout le monde; mon langage n'a rien d'officiel; je livre mes idées à la libre discussion, mais, devant des qualifications blessantes, je ne calcule jamais les distances pour *donner une leçon de politesse* à quiconque s'oublie. Vous aurez l'obligeance de faire savoir cela à M. Behaguel, qui pourra le transmettre à son confrère de l'*Economiste*.

« En pareil cas, l'insertion de ma lettre dans votre prochain numéro est une obligation; mais je compte avant tout sur votre impartialité, et j'ai l'honneur de vous saluer. »

D' Amédée MAURIN.

Voilà votre prose, M. Jules Duval, bien textuelle, — et n'allez pas croire que j'en répudie un seul mot, une seule qualification.

Avant d'entrer en aussi noble compagnie que la vôtre, il faut se faire annoncer, il faut décliner son origine, ses qualités, ses droits à *faire la leçon à tout le monde*.......
le droit même d'écrire et de signer des *ANERIES*.....
Quand on a, comme vous, été un des demi-dieux de l'Olympe, on a bien le droit de s'en faire le Cerbère sur ses vieux jours, et de demander à tout nouveau débarqué, de cette grosse voix que nous connaissons :... « Qui êtes-vous? D'où venez-vous?.... *Un* M. Maurin..... Quel est donc cet intrus? » Vous êtes dans votre rôle, parfaitement dans votre rôle.

Puisqu'il faut un passé pour parler de l'Algérie, après vous toutefois, et *surtout sans vous*, voici qui pourra vous renseigner. — M. le docteur Maurin, ancien maître de conférences de *Physique*, *Météorologie* et *Géologie* à l'Institut agronomique de Versailles (retenez bien cette brochette de fonctions, cela nous servira), — préparateur au Muséum d'histoire naturelle du professeur Duvernoy, — puis collaborateur et ami du regretté Alfred Becquerel, qui avait régénéré en France toute une science, la chimie pathologique, — enfin, docteur en médecine..... pour vous servir ! — Voilà ma carte de visite !

A l'Institut agronomique, nous avions pour patrons des hommes dont vous avez peut-être entendu parler : De Gasparin, dont le nom vivra comme celui d'Olivier de Serres, Wurtz, E. Becquerel, Dumas, de Sᵗ-Venant, Ville, Le Couteux, Doyère, de Lavergne, et tant d'autres dont les travaux retentissent tous les jours dans les hautes régions scientifiques, sur les marches ou dans l'enceinte de l'Institut ! Voilà mes parrains !

Nul d'entre nous n'a oublié qu'il avait passé par cette grande épreuve, par cette grande école, et si l'Institut agronomique a succombé sous des erreurs ou des nécessités politiques, maîtres et élèves ont emporté tout le dévouement, tout le respect qu'ils devaient à la grande pensée qui en avait appelé la création !

A l'institut agronomique, Monsieur, il n'y avait point d'idéologues, il n'y avait que des expérimentateurs;— on ne procédait que par analyse.

Lorsqu'il y a deux ans, je conçus le projet d'étudier les eaux minérales de l'Algérie, je priai le libraire de m'envoyer un ouvrage *sérieux* qui pût me servir de guide. Le choix du libraire tomba sur l'*Algérie, tableau historique, descriptif et statistique*, par M. Jules Duval, ancien magistrat, secrétaire du Conseil général de la province d'Oran.

Vous avez fait beaucoup de bruit en Algérie; j'avais par ci par là, vu figurer votre nom dans le *Journal des Débats*. — Une vague rumeur apportait à mon esprit le retentissement d'entreprises, soi-disant humanitaires, écroulées en Algérie... et votre nom était mêlé à tout cela. Je pris le livre, je le consultai sérieusement, il ne me quitta plus jusqu'au moment où je débarquai à Oran ; — puis, votre livre à la main, je m'enfonçai plus avant dans la province.

Après avoir visité Saint-Denis du Sig, — les tristes épaves de l'Union agricole, et même le barrage..., j'allai m'installer à Mascara, centre d'observation très-convenablement placé.

Dans votre livre, il y a trois parties distinctes :

1° *Ce qui ne vous appartient pas.* — Les emprunts faits au général Daumas et au commandant Richard.

2° *Ce que vous avez taillé au ciseau.* — Les statistiques, les renseignements puisés dans les documents officiels, à la façon de Joanne, qui a au moins l'esprit d'indiquer les auberges et le prix des repas, ce qui n'aurait point déparé votre ouvrage ;

3° *Ce qui vous appartient.* — C'est-à-dire la seconde partie — 46 pages— ; enfin, la septième partie — De la culture du coton,—20 pages.—La lecture de ces 66 pages, où se développent les qualités de l'écrivain de l'*Observateur,* de l'*Économiste,* m'avait tout d'abord enchanté;

j'avais trouvé pour mon imagination un aliment incessant; j'allais donc m'enfoncer dans les forêts vierges d'un Nouveau monde, ou dans les mystérieuses solitudes de la Prairie!

Qu'on en juge... je vous citerai textuellement : (à la page 70) « Le cavalier qui traverse les plaines disparaît, » HOMME et CHEVAL, perdu dans les hautes herbes. — Les » foins atteignent une hauteur régulière de *un mètre* dans » les terres riches, et, jusque sur les montagnes, la faux » peut les abattre à volonté, etc., etc... »

Quel pays que celui-là, et comme il doit y avoir de magnifiques troupeaux..., des bœufs et des taureaux bien gras, bien plantureux, bien luisants!... et les vaches donc... comme elles doivent fournir un lait abondant et crêmeux !... Le cavalier qui traverse la plaine disparaît, HOMME et CHEVAL, etc. . . . .
. . . .

Voyons, Monsieur Jules Duval, ancien magistrat, secrétaire du Conseil général de la province d'Oran...., regardez-nous sans rire et dites-nous comment vous appelez cette énormité!

Partez, colons; allez, laboureurs, sur la foi de pareils contes risquer les quelques bribes d'un héritage qui suffit, votre travail aidant, à faire vivre toute une famille !! Savez-vous, Monsieur, ce que vous faites en écrivant des choses pareilles... vous ne commettez pas seulement une ANERIE, vous commettez une *mauvaise action*, car vous trompez ceux-là justement dont il faut savoir ménager l'imagination, auxquels il faut dire la vérité, rien que la vérité... Je crois que vous fûtes magistrat !

Une ANERIE...; parce que nulle part en Algérie, excepté dans les marais, on ne trouve de végétation herbacée propre à constituer des fourrages, atteignant plus de cinquante à soixante centimètres de hauteur, — que partout où les *foins* poussent, même à l'aide de l'irrigation, ils n'atteignent que la hauteur moyenne des *foins* de France et que l'épaisseur, le DRU remplace ici la hauteur... —

Vous avez pris des *joncs* pour du *foin*, et si vous vous êtes perdu, HOMME et CHEVAL là dedans, ma foi! sortez-en comme vous pourrez, mais n'y conduisez pas vos lecteurs !

L'Algérie manque de fourrages... voilà la loi actuelle... qui peut être modifiée par la saine application des principes d'économie rurale.

Les pailles des céréales sont, en moyenne, beaucoup moins longues qu'en Europe, et cela se comprend.... Si vous arrosez régulièrement, vous atteindrez à des résultats meilleurs et plus rapides.... Si les pluies du ciel s'en mêlent seules, la masse de chaleur restant élevée, régulière et constante, vous arriverez vite de la germination à la maturité ; vous arriverez vite à la formation de l'épi. Une fois l'épi formé, la plante ne croît presque plus, elle mûrit, et, chose que vous auriez pu observer, il arrive très-souvent, huit fois sur dix, que l'épi est à peine à quinze ou vingt centimètres du sol et que néanmoins il atteint une grosseur prodigieuse. La nutrition est déviée, tous les sucs sont concentrés, rosées abondantes, courants de vapeurs apportées par la brise, etc., etc.... Mais à quoi bon tous ces développements pour un homme qui *disparaît*, *HOMME et CHEVAL, dans les hautes herbes.*... Passe encore si l'on s'adressait à des agriculteurs !

Je passe à la page 64. Il s'agit des marécages.... Après tout, quels sont ces marais ? dites-vous :

« Sur 30 millions d'hectares de terres, superficie to-
» tale de l'Algérie, il n'y a en terres submergées et in-
» salubres que 36.000 hectares, savoir : La Macta,
» 10.000 ; Sidi Abed et le Chelif, 4,000 ; *plaine d'Eghris,*
» 2,000 ; Metidja avec le lac Halloula, 8,000 ; plaine de
» Bône avec le lac Fetzara, 12,000 ; — total, 36,000, soit
» 40,000, en tenant compte de quelques petits marécages
» isolés.
» Malheureusement, ces terres submergées sont près
» du littoral et c'est par le littoral qu'a débuté, etc... »

Et celle-là, Monsieur, comment l'appellerez-vous ? La

plaine d'Eghris près du littoral ! La plaine d'Eghris avec deux mille hectares de submergés ! alors qu'elle est à sept cents mètres au-dessus du niveau de la mer, à cent kilomètres du rivage, et que la noria la plus simple ne trouve l'eau qu'à dix ou quinze mètres de profondeur... Vous ne l'avez donc pas vue en 1848, lorsque du haut des tréteaux qui ornent la barraque en planches qu'on appelle le Théâtre de Mascara.... vous développiez les séduisantes théories *Du libre et harmonique essor des forces* ?

Ici, Monsieur Jules Duval, non-seulement vous manquez de savoir, vous avancez ce qui n'existe pas, mais vous manquez de convenances et de tact. Vous êtes ingrat, et ingrat envers celui que vous avez attaqué avec si peu de ménagements.

Voici ce que je dis dans la première lettre, à la suite d'une étude générale géologique sur l'Algérie :

« Nous avons vainement recherché dans la plaine
» d'Eghris les 2,000 hectares signalés dans l'ouvrage de
» M. Duval; il n'y en a plus un seul de submergé....
» Est-ce à dire qu'il n'en a point existé? Certes non ;
» les colons qui ont à peine quinze ans de résidence dans
» le pays, se souviennent de les avoir vus. Les vieux mu-
» sulmans disent que l'eau remontait jadis jusqu'auprès
» de Beni-Aclef. Ce ne peut être que par un écoulement
» très-lent que ces eaux ont disparu.... »

Evidemment, vous n'avez jamais vérifié ce que contient votre livre (imprimé pourtant en 1859 pour la dernière fois), et ce que vous n'avez pas fait surtout, vous n'avez pas cherché les causes de la disparition de ces marais. J'ai dû le faire pour l'honneur de la vérité scientifique, et j'ai couvert de ma responsabilité.... une assertion au moins hasardée.... Que le public nous juge !.... Et de deux !

Ouvrons à la page 70 du même livre :

« Au sein d'une luxuriante nature, le règne animal
» doit *prospérer* en proportion même des aliments qui

» *abondent* autour de lui. . . . .

» . . . .

   » L'espèce bovine *paraît d'une plus petite espèce* que la
» nôtre ; mais vigoureuse, *sobre*, ardente au travail, *ra-*
» *rement malade*, elle acquerra facilement, *avec un régime*
» *mieux entendu*, la taille qui lui manque. . . . . .

» . . . .

   » A côté d'innombrables troupeaux de *bœufs* et de
» moutons dont les Européens commencent beaucoup
» trop tardivement à apprécier le rôle, etc., etc., etc. . »

C'est bien de vous tout cela.... l'espace manque pour
citer toutes les énormités que vous lancez à la tête de vos
lecteurs.... je suis obligé de les souligner. Vous qui
avez *disparu, HOMME et CHEVAL, dans les hautes herbes*,
comment n'y auriez-vous pas découvert d'*innombrables
troupeaux de bœufs*... de *bœufs qui paraissent d'une plus
petite espèce que la nôtre*, qui sont *sobres* (il le faut bien,
hélas!). mais qui, *par un régime mieux entendu*, retrouve-
ront la taille qui leur manque.

La plume tombe des mains... Et quel régime faut-il
donc, M. Jules Duval, à ces pauvres bêtes ? N'ont-elles
pas devant elles des *foins* d'un mètre de hauteur ?

Je les ai soulignées les *ANERIES*... comme vous appelez
cela... Comptez-les, Monsieur..., ou plutôt ne les comp-
tons plus. Je vous fais grâce de toutes celles que l'on relè-
verait dans la seconde partie de votre livre, et, pour ne
point fatiguer le lecteur, je passe à la question du coton,
à la septième partie de votre livre. Je crois que celle-là
vous appartient aussi.

Pendant que mes *Lettres sur l'Algérie* passaient inaper-
çues comme l'auteur lui-même dans les colonnes du
Moniteur, pendant que je cherchais à rectifier sans bruit
et sans éclat les nombreuses erreurs que vous aviez com-
mises, sans vous nommer autrement qu'avec respect et
convenance...., nul ne soupçonnait que vous étiez, sans
le savoir, sans le vouloir surtout, cause de l'existence
des *Lettres sur l'Algérie*.

Dieu m'est témoin que je n'aurais jamais jamais soulevé la discussion qui s'est engagée entre nous. Je vous tenais compte de la bonne volonté, du travail qu'avait dû coûter un ouvrage *péniblement découpé aux ciseaux*, et, comme après tout, le monde s'était habitué à vous prendre au sérieux, je vous aurais laissé vivre parfaitement tranquille. Vous avez calculé, sans doute, le bouleversement général que pouvaient opérer ces *Lettres* sur vos admirateurs ordinaires.... Vous avez trouvé qu'*un M. Maurin, qui fait la leçon à tout le monde...* vous la faisait très-réellement sans bruit.... *Inde iræ*!

Le public n'a pas très-bien compris la portée de mon travail. L'*Akhbar* vous a découpé et servi au naturel à ses lecteurs, et il n'est pas jusqu'à la rédaction du *Moniteur de l'Algérie* qui, dans le premier moment de surprise, un peu embarrassée de son hôte, ne vous ait fait des concessions... que je retire... Je les retire toutes, entendez-vous bien !... Vos allures, vos œuvres et votre langage n'en méritent aucune !

Oui, j'ai repris le travail que vous avez si légèrement élaboré dans la seconde partie de votre livre. J'y ai apporté l'expérience acquise par vingt années d'études sur l'histoire naturelle. J'ai parlé de physique, de météorologie et même de géologie...., ce que vous n'avez fait qu'avec peine ; c'était mon droit, je suppose.. j'avais bien quelque qualité pour cela.

Passons donc à vos griefs contre le *Moniteur*, qui m'a donné l'hospitalité, chose dont vous cherchez à le faire repentir... Passons aux âneries constatées par vous dans le chapitre qui concerne la culture du coton.

J'ai mis, dites-vous, le barrage de Saint-Denis du Sig sur l'Habra ! C'est une faute du copiste cela, Monsieur, et vous devriez savoir que, dans un ouvrage de longue haleine, celui qui recopie le manuscrit en commet malgré tout ! Que dire, alors que dans votre ouvrage j'en relèverais cent de cette nature ! Le barrage du Sig ! je le connais et je le connais bien, je vous assure ; mais je comprends que toutes les fois que ce nom : Saint-Denis du Sig ! retentit à vos oreilles, vous ayez des tressaillements, car il vous rappelle des souvenirs amers !

Saint-Denis est sur la route de Mascara , de la plaine d'Eghris que vous connaissez si bien et qui est *située près du littoral*, et il ne faudrait pas avoir lu votre ouvrage et surtout entendu parler de l'Union agricole du Sig.... pour ne pas aller la visiter ! Vous savez bien qu'on s'arrête partout où il y a des ruines, qu'elles soient l'œuvre du temps où celle des hommes... des passions fougueuses qui agitent les peuples... ou des *rêveries harmoniques* qui troublent la cervelle des individus ! Il y a beaucoup à réfléchir sur ces ruines. On y trouve un enseignement profond, et il surgit dans l'esprit une pensée que je vous communique...Combien doivent être amers les souvenirs de l'idéologue qui bâtit et échafaude systèmes sur systèmes, qui voit s'écrouler toutes les fortunes qu'il avait séduites, toutes les espérances qu'il avait fait naître!... Il m'a semblé voir planer sur ce pays une ombre plaintive qui s'écriait comme le fils d'Anchise : *Et quorum pars magna fui!*...

On est heureusement distrait de ces pénibles préoccupations par la vue d'une campagne florissante que fertilise l'industrie agricole privée ; où il y a moins d'*administrateurs* , moins de *directeurs* , un peu moins d'*idées harmoniques* , et plus de bras courbés sur le sol.

J'arrive à l'autre *ANERIE*, car il y en a deux, selon vous :

J'ai dit *que la France consommait à peu près 7 à 8 mille balles de coton, c'est-à-dire à peu près le quart de l'exportation américaine, qui est de 33,000 balles, et que l'Algérie pourrait à elle seule fournir dès à présent le quart de cette consommation!*

J'ai dit cela, oui, Monsieur, et un seul mot oublié et qu'un peu de loyauté de votre part aurait pu rétablir, vous a permis de contester ces chiffres qui sont *parfaitement exacts*. On a oublié d'ajouter, au commencement de la phrase qu'il s'agit du coton *longue-soie*. Ce seul mot oublié, et qui est dans mon manuscrit, rétabli, Votre Seigneurie n'a pas le plus petit mot à dire....

Ouvrez le Tableau de la situation des Etablissements français dans l'Algérie, série 1852-1854, page 422, voici ce que vous y lirez :

« Ainsi, par exemple : la France, en 1853, fera venir
» 7,500 balles de coton Géorgie longue-soie pour les
» besoins de sa consommation ; c'est environ le quart
» de la dernière récolte des Etats-Unis qui paraît s'être
» élevée au chiffre de 32,814 balles au poids d'environ
» 160 kilogrammes.

(Cox, Rapport au Ministre.)

Allez un peu plus loin, page 423, voici ce que vous lirez :

« La récolte des cotons Géorgie longue-soie, en Amé-
» rique, varie de 25 à 30 mille balles. On n'a pu l'aug-
» menter d'une manière notable, parce que les terres
» qui peuvent produire ces cotons sont très-restreintes,
» tandis que l'Amérique a, presque sans difficulté, de-
» puis douze ans, doublé sa production en cotons courte-
» soie, qui peuvent se récolter sur tout le territoire
» américain et dont la quantité, dans cet espace de temps,
» a monté de 1,400,000 à 2,800,000 balles. »

(Même auteur.)

Connaissant comme moi ce rapport de M. Cox (car vous avez assez découpé les gros in-folio dont je parle!), vous auriez dû, à l'aide des *chiffres seuls*, établir le rapprochement et comprendre qu'un seul mot (Géorgie longue-soie) avait été omis. Cela vous était non-seulement facile, mais presque obligatoire; en effet, vous dites, page 376 (toujours votre ouvrage) :

« On a provisoirement renoncé à la courte-soie, vu les
» bas prix de ce coton... »

Et plus loin, même page :

« Les colons (il y a cotons) ne doivent pas hésiter à
» cultiver *exclusivement le Géorgie longue-soie*, puisqu'il
» est le seul que l'administration paie à un haut prix,
» justifié par une haute valeur commerciale. »

Si vous avez préféré l'injure à la loyauté, vous aviez un but, un but bien évident... Voyons, Monsieur, s'il n'existerait pas dans mon travail, et surtout dans l'article qui concerne la culture du coton, quelque contradiction qui aurait motivé vos attaques... Oh ! vous êtes un profond économiste et vous songez à tout. Vous avez calculé qu'à l'abri de l'autorité que dans la colonie on a la *faiblesse* de vous prêter, vous réduiriez au silence un homme qui ne pense pas comme vous, et qui dit juste le contraire de ce que vous avancez.

Dans cette question du coton, je n'ai eu en vue que le côté d'économie agricole, pour lequel, je vous l'ai dit, je me suppose quelque compétence,

Ouvrons donc encore votre livre, page 373 :

« *Quant à l'altitude, il est constaté que le cotonnier a* » *réussi en Algérie à 800 mètres au-dessus du niveau de* » *la mer !* »

Ainsi vous ne blâmez pas, disons mieux, vous encouragez les cultures à toute altitude et vous laissez les colons se fourvoyer dans des dépenses ruineuses et décevantes... Lisez-donc ce que l'Administration elle-même, plus sage que vous, proclame dans le passage que j'ai cité sur l'état de la culture du coton dans la province de Constantine... comme corroborant l'opinion que j'émettais dans mon travail, « *qu'il faut une étude sérieuse préalable des zones climatériques et des limites d'altitude que chaque culture peut atteindre.* » Et remarquez bien que vous y tenez, à ce qu'on en mette partout, car vous dites encore, même page : « *Là où le sol sera trop maigre pour produire aucune espèce de récolte, on en pourra obtenir d'abondantes en coton.* »

Celle-là, Monsieur, dépasse toutes les autres ! Je la recommande aux agents des grandes compagnies cotonnières qui s'organisent en France et en Angleterre, pour l'exploitation des terrains disponibles en Algérie.

Le paragraphe 3, page 374, mérite d'être cité tout entier. Et certes, M. Jules Duval, en votre qualité d'an-

cien magistrat, vous devriez avoir toute l'autorité scientifique nécessaire pour résoudre ces graves questions de chimie agricole, pour *en parler en maître!*

« Le sel (chlorure de sodium), soit du sable, soit de
» la terre, est aussi précieux que celui qui *nage* dans
» l'atmosphère ; — l'Algérie, si riche en terres salines,
» soit dans les plaines, *soit sur les hauts plateaux*, est donc
» particulièrement favorisée ; — *cette circonstance per-*
» *mettra probablement de cultiver la plante à une distance*
» *quelconque de la mer.* » (Vous voyez que l'altitude ne
compte pas pour vous, il n'y a pas de limites !)....
Je continue... « On la reconnaît aux efflorescences salines, au voisinage de daïa, chotts, sebkha, lacs salés ; à
la présence de *plantes salines*, la soude, le pourpier marin (*Atriplex Halimus*, etc.)... Un autre signe confirme
les précédents : c'est quand les animaux ruminants, si
friands de sel en Europe, le *dédaignent*, ce qui arrive
lorsque les herbages en sont *naturellement imprégnés*,
phénomène général et peut-être universel en Algérie. »

Voilà pourtant ce que vous débitez sans rire, depuis
tantôt quinze ou vingt ans, aux oisifs que l'Algérie intéresse... Tenez, M. Jules Duval, je veux bien vous faire
grâce du reste, et surtout des conclusions concernant ce
dernier paragraphe que l'expérience et l'analyse m'ont
permis de vous infliger... J'ai choisi entre mille (laissant les meilleures) quelques-unes des énormités qui vous
appartiennent, je supprimerai le mot *ANERIES*, *puisque
le bât vous blesse*, et voici quel sera, au profit des lecteurs que nous amusons depuis quelques jours, et qui
pourraient me savoir mauvais gré de pousser la plaisanterie jusqu'aux larmes, mon dernier mot :

Vous pouvez remanier, refouiller mes articles, en extraire tout ce qu'il vous plaira d'offrir en pâture aux
lecteurs de l'*Economiste*... Je vous autorise même à leur
faire connaître ma réponse dans son entier... Je n'en
serai que reconnaissant ; mais tenez-vous bien pour
dit... que l'Algérie, terre féconde et privilégiée, ne peut

plus constituer de privilége pour personne; l'Algérie ne
veut plus être compromise par des épreuves comme
celles de l'Union de Saint-Denis du Sig. Elle n'appartient
plus aux idéologues... Elle appartient aux colons indi-
gènes ou européens, enfants du droit commun ; — aux
efforts laborieux, lents et méritoires des hommes spé-
ciaux, des ingénieurs, des physiciens, des météorologis-
tes, des géologues, de tous les investigateurs.... en
un mot, au creuset, qui n'a jamais noirci vos doigts ; au
creuset d'où sont sorties toutes les grandes vérités du
XIXe siècle et qui a ouvert tous les horizons à la généra-
tion qui s'empare de ce sol conquis à la civilisation.

Dr AMÉDÉE MAURIN.